AF454435

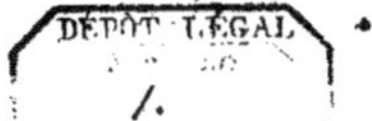

PRINCIPES DE MUSIQUE,

Par BOUSQUIER, Professeur de Musique à l'École Normale et au Lycée de Nancy.

Les notes de la musique se posent sur des lignes horizontales, ces lignes déterminent la distance des notes entr'elles.

Il y a cinq lignes fixes, qui prises ensemble s'appellent une portée; l'espace qu'il y a de l'une à l'autre s'appelle interligne; lorsque la portée ne suffit pas, on emploie des lignes supplémentaires.

1er Exemple. Lignes. interlignes. Lignes et interlignes supplément.

1ère ligne mi sol si re fa   fa la do mi   si do re mi   fa sol la si

2e Exemple. Étendue de la Game, ou échelle diatonique.

Sol la si do   re mi fa sol la si do re mi fa sol la si do re

3e Exemple, pour connaître les espèces de notes et silences et le rapport entr'elles.

	1	2	4	8	16	32	64
Notes	Ronde	Blanche	Noire	Croche	double Croche	triple croche	quadruple croche
Silences	Pause	demi pause	soupir	demi soupir	1/4 de soupir	1/8 de soupir	1/16 de soupir

4e Exemple. Des différentes Clefs lesquelles sont au nombre de trois.

fa   fa   do   do   do   do   sol

Clef de fa 3e et 4e ligne.   Clefs de do, 1ère 2e 3e et 4e lignes.   Clef de sol, 2e Ligne.

observation essentielle. Remarquez que les notes prennent le nom de la clef, n'importe la position; ce qui vous démontre que les clefs servent à la transposition des notes, pour éviter la multiplicité des lignes supplém.

5ème Exemple. Du point et du double point après les notes et silences.

le point augmente la note de la moitié de sa valeur   le 2d point de la moitié du 1er

Produit

6.ᵉ Exemple. **Le Triolet et le Sixain.**

Le Triolet et le Sixain, sont des groupes de trois, et six notes, désignées par un 3, et un 6, le mouvement de leurs valeurs est plus vif que les valeurs ordinaires, savoir.

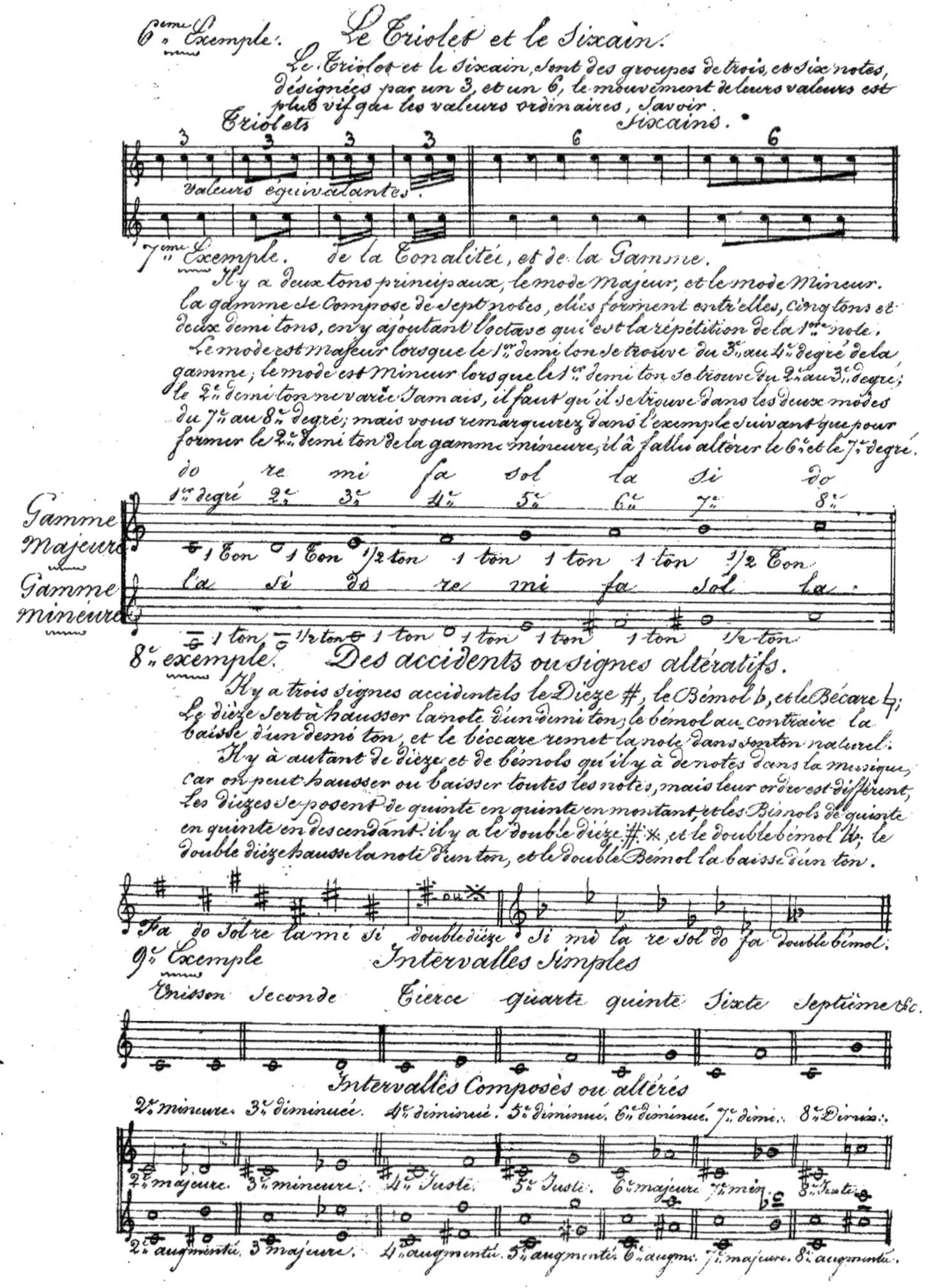

7.ᵉ Exemple. De la Tonalité, et de la Gamme.

Il y a deux tons principaux, le mode Majeur, et le mode Mineur.

La gamme se compose de sept notes, elles forment entr'elles, cinq tons et deux demi tons, en y ajoutant l'octave qui est la répétition de la 1.ᵉʳᵉ note.

Le mode est Majeur lorsque le 1.ᵉʳ demi ton se trouve du 3.ᵉ au 4.ᵉ degré de la gamme; le mode est Mineur lorsque le 1.ᵉʳ demi ton se trouve du 2.ᵉ au 3.ᵉ degré; le 2.ᵉ demi ton ne varie jamais, il faut qu'il se trouve dans les deux modes du 7.ᵉ au 8.ᵉ degré; mais vous remarquerez dans l'exemple suivant que pour former le 2.ᵉ demi ton de la gamme mineure, il a fallu altérer le 6.ᵉ et le 7.ᵉ degré.

8.ᵉ exemple. **Des accidents ou signes altératifs.**

Il y a trois signes accidentels le Dièze #, le Bémol b, et le Bécare ♮; Le dièze sert à hausser la note d'un demi ton; le bémol au contraire la baisse d'un demi ton, et le béccare remet la note dans son ton naturel.

Il y a autant de dièze et de bémols qu'il y a de notes dans la musique, car on peut hausser ou baisser toutes les notes, mais leur ordre est différent, les dièzes se posent de quinte en quinte en montant, et les Bémols de quinte en quinte en descendant: il y a le double dièze ##×, et le double bémol bb; le double dièze hausse la note d'un ton, et le double Bémol la baisse d'un ton.

9.ᵉ Exemple. **Intervalles Simples**

Intervalles Composés ou altérés

Renversement des Intervalles.

10ème Exemple. Il y a trois genres en Musique, savoir le genre diatonique, le genre Chromatique, et le genre enharmonique.

1°. Le genre diatonique est celui qui procède par tons et demi tons.

2°. Le genre Chromatique ne procède que par demi tons.

3°. Le genre enharmonique procède par comma ou 1/9e de ton.

11ème Exemple. des demitons en Général.

Il a deux sortes de demi tons, le demi ton majeur, et le demi ton mineur. le demi ton majeur se reconnait quand les notes qui le forment ne sont pas sur le même degré; on reconnait le demi ton mineur lorsque les notes qu'il forment, sont sur le même degré.

12ème Exemple. Termes en Usage pour désigner Les Intervalles d'une Gamme.

13ème Exemple. Règle pour connaître le mode Majeur et Mineur. avec des dièzes, ou des Bémols.

1°. Le dernier dièze posé à la clef est toujours la note sensible du ton majeur.

2°. Le dernier bémol posé à la clef est toujours la sous dominante ou 4e note du majeur.

3°. Le ton relatif mineur se trouve toujours à la tierce au dessous du ton majeur; soit avec des dièzes, comme avec des Bémols.

4°. Pour être dans le ton mineur, il faut que la quinte de l'accord parfait majeur soit altérée par un dièze, ou un béccare accidentel, ce qui étant, formera la note sensible ou la septième note du ton mineur.

Tableau des Tons par Diezes et Bémols

en do majeur, en sol majeur, en ré maj. en la majeur. en mi majeur. en si majeur.

J'ai mis à chaque ton, l'accord parfait qui lui est
propre, pour que l'élève puisse voir comment
il se forme, et que les trois notes qui le composent
sont: la tonique, la tierce, et la quinte.

La petite note qui se trouve devant chaque
accord, est la note sensible ou la septième
note du ton.

La même règle pour les Bémols.

De la Mésure.

14ème Exemple. Il y a deux sortes de mesures; les mesures simples, et les mesures composées.
les simples sont au nombre de trois, qu'on nomme aussi fondamentales, savoir à:
2, 3, et 4 temps; la mesure à 2 temps se marque par le chiffre 2 ou en C barré; sa
valeur est d'une ronde pour la mesure, et d'une blanche pour chaque temps; la mesure à 3 temps
se marque par un 3, sa valeur est d'une blanche pointée pour la mesure, et d'une noire pour
chaque temps. la mesure à 4 temps, se marque par un C ouvert ou un 4, sa valeur est
d'une ronde pour la mesure entière, et d'une noire pour chaque temps.

Mésures Composées.

Les mesures Composées sont celles qui se marquent par deux chiffres sous la forme
de fractions 2/4. le chiffre supérieur indique deux choses. 1° le nombre de temps dont la mesure
se compose; 2° le nombre de notes valeurs égales qu'il faut pour la remplir; le chiffre inférieur
n'indique qu'une chose, la qualité ou valeur de la note en partant de la ronde. Lorsque le
chiffre supérieur excède le nombre 4, comme il n'y a pas de plus grandes mesures que celle
à 4 temps, on prend le tiers de ce chiffre pour connaître le nombre de temps de la mesure, mais
il subsiste tel qu'il est pour le nombre de notes qui entrent dans la mesure.

Il existe beaucoup d'autres mesures 2/4, 9/16 et. Je n'ai pas cru devoir les mettre,
dans tous les cas, on suivra l'exemple cy dessus pour trouver la valeur de la
mesure, et le nombre de temps qu'il faut leur appliquer.

15ème Exemple. Différents Signes de Musique.
La liaison, est un trait courbe que l'on place au dessus de plusieurs notes
ce qui indique de les chanter d'une seule respiration; lorsque ce trait se
place sur des notes posées sur la même ligne, il prend alors le nom de
Syncope; la Syncope se fait en appuyant au passage de la note Coulée;
il y a deux sortes de Syncopes, les régulières, et les irrégulières; nous venons de
parler des Régulières; les irrégulières se forment par deux notes de valeurs différentes;
elles prennent leur effet sur la note supérieure en valeur.
Liaisons. Syncopes Régulières. Syncopes Irrégulières.
Ce signe se nomme Renvoi, il sert à ramener à son semblable.
Point d'orgue. Barre de mesure.
piquer les notes. le point d'orgue prolonge les valeurs à volonté.
Reprises, les points indiquent qu'il faut recommencer.
Silences de Plusieurs mesures. Signes pour enfler et diminuer les sons. Ses signes sont ordinairement accompagnés des mots Crescendo, renforçando, diminuendo.
Nuances. enfler diminuer.
Guidons. le guidon se place à la fin d'une ligne, lorsque la mesure n'est pas terminée.
16ème Exemple. Ornements du Chant.
L'appogiature est une petite note, qui se place devant la note principale, il y en
a de simples, de doubles, de triples, &ct. Ses petites notes ne sont pas comprises
dans la valeur de la mesure; elles se nomment notes d'agrément, et prennent
leurs valeurs sur les notes qui les suivent suivant le goût de l'exécutant.
Petites notes simples, prenant la moitié de la note. Doubles. Triples. Quatruples.
Le trille improprement appelé cadence, s'indique par tr. sa durée est égale à la note sur laquelle il
est placé; la cadence Brisée s'indique par le signe ∼ voyez l'exemple suivant.
Trilles
on peut faire les trilles sur toutes les valeurs. Cadence préparée.
La cadence brisé se fait en prenant la valeur des petites notes sur la valeur qui les précède.
leur effet
Signes d'abréviations
Sons Portés.
Tableau des espèces de notes
en prenant la ronde pour 1ère Unité.
Une O Ronde.
Vaut 2 Blanches.
ou 4 Noires.
ou 8 Croches.
ou 16 doubles Croches.
ou 32 triples Croches.
ou 64 quadruples Croches.

Explication des Termes Italiens.

Cantabile	Chanter aisément sans forcer la voix	Mezzo Forté	demi Jeu
Largo ou Grâve	le plus lent de tous les mouvements	Mezza voce	demi voix
Larghetto	Moins lent que Largo	Piano	Doux
adagio	Posément et accentué	Forté	Fort
affectuoso	affectueux, entre l'andante et l'àdagio	Fortissimo	très fort
andanté	Gracieux et modéré	Sforzato	Forcé
andantino		Smorzando	en Mourant
allegretto	Moins vif que l'allégro	Diminuendo	en diminuant
allégro	Gai, vif	Cressendo	en augmentant
amoroso	Passionnement	Daccapo	au Commencem.t
Vivace	Gai et animé		
Presto	Vite, prestissimo encore plus vite		
Presto assai	très vite		
Conbrio	avec Eclat		
Tempo Guisto	le mouvem.t propre à la mesure		
Grazioso	Gracieusement		
Moderato	Modérément		
Sostenuto	Soutenu		

abréviations

p.	piano
f.	Forte
sf.	sforzando
dim.	Diminuendo
Cres.	Cressendo
D.C.	Daccapo
M.f.	demi Jeu

Gammes et Etude des Intervalles.

Toutes ses leçons doivent se chanter lentement.

7.e Leçon
Blanches
par tierces
8.e Leçon
Noires
par tierces
9.e Leçon
Rondes
par quartes
10.e Leçon
Blanches
par quartes
11.eme Leçon
Noires
par quarte
12.e Leçon
Rondes
par quintes
13.e Leçon
Blanches
par quintes
14.e Leçon
Noires
par quintes
15.e Leçon
Rondes
par sixtes
16.e Leçon
Blanches
par sixtes
17.e Leçon
Noires
par sixtes

12 Leçons Diatoniques pour servir à l'étude des valeurs

Nota. toutes ces leçons doivent se chanter Moderato.

N.º 10
N.º 11
N.º 12
Leçons Mélodiques à 2 voix en forme de Canon.
N.º 1
Moderato
N.º 2
andante

N.º 3
Maestoso
N.º 4
Allegretto
N.º 5
Andantino

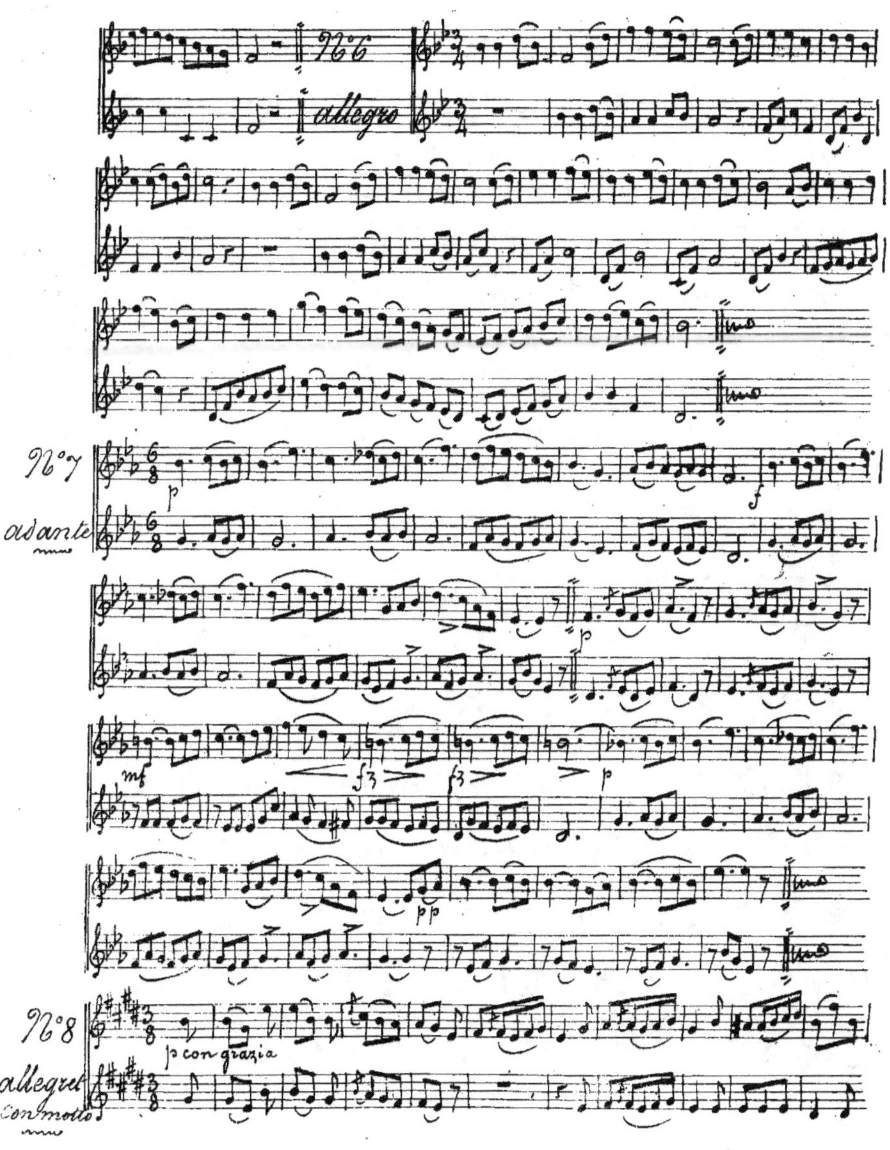
N°6
allegro
N°7
p
f
adante
mf
f
p
pp
N°8
p con grazia
allegret
con molto

Smorzendo
N.°9
Allegro
pp
f
cres
cres
dimi
cres
p
f
p
Smorzendo.
N.°10
Adagio
mf

Petits Duos avec Paroles Chrétiens, suivies d'une
Cantate à trois Voix pour distribution des Prix.
N°1
Prière du matin
Moderato
mon Dieu qui pouvez tout écoutez ma prière de l'un de vos enfants à genoux devant vous
car on dit qu'ici bas tout est larme et misère quand votre main seigneur se retire de nous,
quand votre main seigneur se reti - re de nous."
"Je ne demande pas tous les biens de la Terre
ni l'or ni les honneurs, l'emploie les richesses,
donnez moi cette vie, la santé et matière
qui m'apprennent tous deux, à bénir votre nom. bis)
Faites que je sois bon mon Dieu qui te répondé
aux vœux de mes parents, et que plus tard encore
se fasse bien longtemps leur bonheur en ce monde
pour qu'un jour au revoir je les rejoigne aux cieux! bis)
N°2
S. Chœur
Prière du soir
andante
déjà de la plaine une ombre incertaine noircit le contour, l'étoile rayonne la prière
rallent. 1er tempo
rallent   fin   Couplets allegretto   rallent   à tempo
sonne c'est la fin du Jour!   la nuit est tranquille pour l'enfant du ciel dieu ferme les yeux, et
fin

rall.   à tempo
l'ange qui veille chante à son oreille un Concert des cœurs de Pour qui s'efface Dieu je vous rends grace le
rall.   à tempo
Soir à genoux que demain l'aurore me ramène encore un bienfait de vous.
N.° 3
Bénédicité
Benissez ô mon Dieu ce repas salu-taire assistez l'indigent du pain de chaque
Maestoso
Pour s. ouvrez le Ciel aux morts couchés sur la poussière et donnez nous à tous en ce mortel sé-
=jour; la nourriture au corps à l'âme la prière   à nos cœurs votre amour à nos cœurs
votre amour   à nos Cœurs à nos Cœurs votre amour!
N.° 4
Les Grâces
de vos dons pour vous rendre grâce, faibles enfants que pouvons nous la   voix qui
Moderato
se perd dans l'espace mon Dieu va-t-elle Jusqu'à vous, est ce assez de la vie entière

pour bénir votre charité est ce assez de notre pri-ère pour ex-al-ter tant
Moderato
Nº 5
de bonté. L'ordre et le désordre
L'ordre semble émané de la voûte éthérée et tout dans la na=
-tu-re est soumis à sa loi et tout dans la nature est soumis à sa loi peut on ne pas bénir sa pré=
-sence sacrée il fait la sûreté des peuples et des rois il fait la sûreté des peuples et des
2ᵉ. Couplet
Le désordre introduit, le cahos recommence Nº 6
Le Jour est remplacé par la profonde nuit,
rois." tout est confusion l'esprit n'est que démence Heureux
nos biens, nos Jours, nos droits par lui tout est le Jeune
Le désordre introduit le cahos &c. détruit Elève
allegretto
heureux le jeune élève a
=nimé d'un beau zèle en qui la vertu brille et devance les ans et devance les ans. Se
tous ses compagnons c'est le digne modèle l'honneur de sa maison l'amour de ses parents heu=
=reux le Jeune élè=ve a=nimé d'un beau zèle en qui la vertu brille et devance les ans.
devance les ans devance les ans en qui la vertu brillent devance les ans et devance les ans.

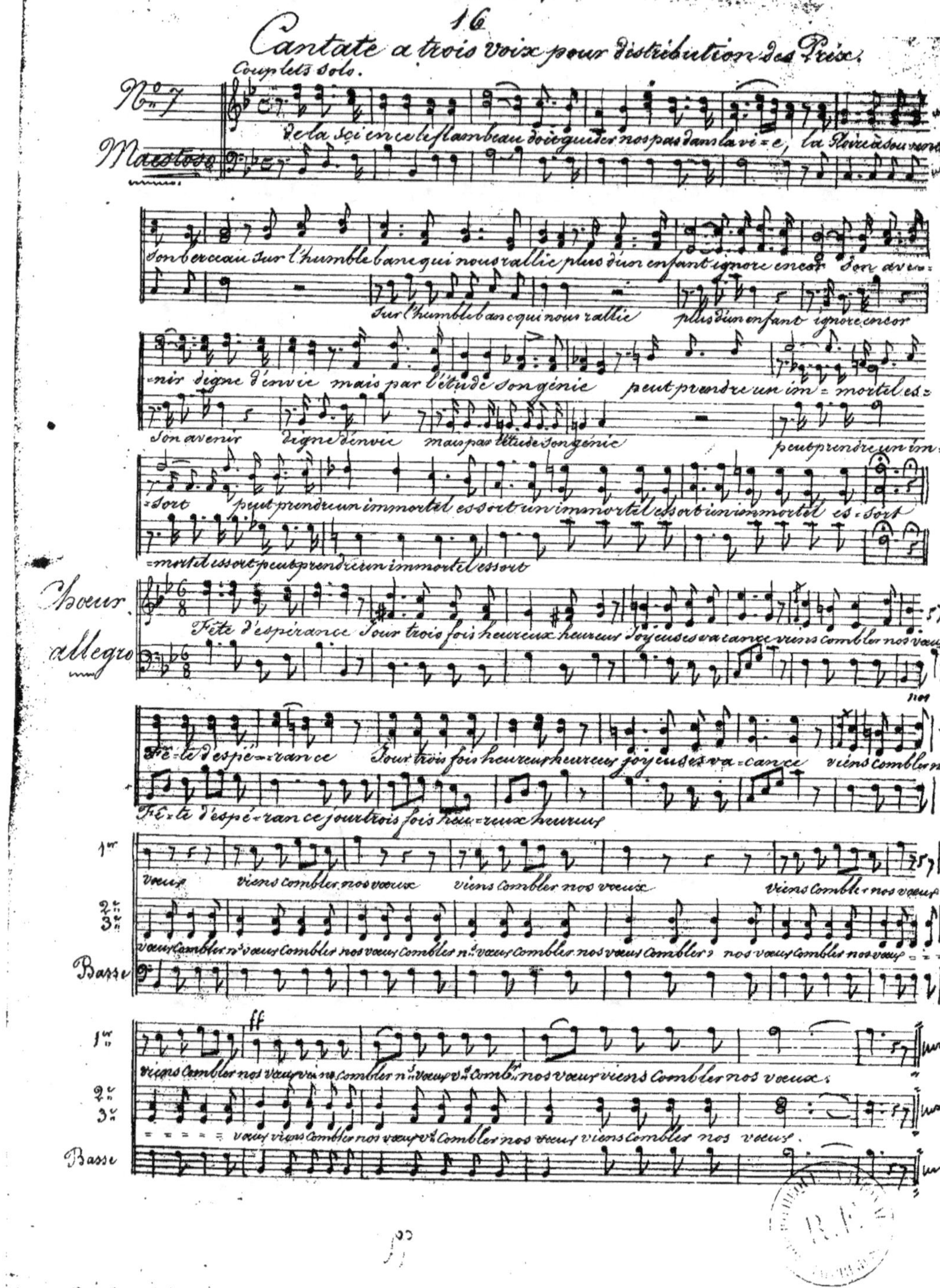

16
Cantate a trois voix pour distribution des Prix.
Couplets solo.
No 7
Maestoso
De la science le flambeau doit guider nos pas dans la vie, la gloire à son
Son berceau sur l'humble banc qui nous rallie plus d'un enfant ignore encor son ave-
Sur l'humble banc qui nous rallie plus d'un enfant ignore encor
-nir digne d'envie mais par l'étude son génie peut prendre un im-mortel es-
Son avenir digne d'envie mais par l'étude son génie peut prendre un im-
-sort peut prendre un immortel essort un immortel essort un immortel es-sort
-mortel essort peut prendre un immortel essort
Choeur.
Fête d'espérance Jour trois fois heureux heureux Joyeuses vacances viens combler nos vœux
Allegro
Fête d'espé-rance Jour trois fois heureux heureux joyeuses va-cance viens combler n-
Fête d'espé-rance jour trois fois heu-reux heureux
1er
vœus viens combler nos vœux viens Combler nos vœux viens Combler nos vœus
2e
3e
vœus Combler n-vœus Combler nos vœus Combler n-vœus Combler nos vœus Combler nos vœus Combler nos vœus
Basse
1er
viens Combler nos vœus viens combler n-vœus viens Comb-nos vœus viens Combler nos vœux
2e
3e
vœus viens Combler nos vœus viens Combler nos vœus viens combler nos vœus
Basse